RAISON N°1

RAISON N°2

RAISON N°3

RAISON N°4

RAISON N°5

RAISON N°6

RAISON N°7

RAISON N°8

RAISON N°9

RAISON N°10

RAISON N°11

RAISON N° 12

RAISON N° 13

RAISON N°14

RAISON N°15

RAISON N°16

RAISON N°17

RAISON N°18

RAISON N°19

RAISON N°20

RAISON N°21

RAISON N°22

RAISON N°23

RAISON N°24

RAISON N°25

RAISON N°26

RAISON N°27

RAISON N°28

RAISON N°29

RAISON N°30

RAISON N°31

RAISON N°32

RAISON N°33

RAISON N°34

RAISON N°35

RAISON N°36

RAISON N°37

RAISON N°38

RAISON N°39

RAISON N°40

RAISON N°41

RAISON N° 42

RAISON N°43

RAISON N°44

RAISON N°45

RAISON N°46

RAISON N°47

RAISON N°48

RAISON N°49

RAISON N°50

www.ingramcontent.com/pod-product-compliance
Lightning Source LLC
Chambersburg PA
CBHW081946160726
47999CB00008B/2536